# BEI GRIN MACHT SICH IHR WISSEN BEZAHLT

- Wir veröffentlichen Ihre Hausarbeit,
  Bachelor- und Masterarbeit

- Ihr eigenes eBook und Buch -
  weltweit in allen wichtigen Shops

- Verdienen Sie an jedem Verkauf

Jetzt bei www.GRIN.com hochladen
und kostenlos publizieren

Mendina Morgenthal

# Der Ursprung von Rechtsordnung und Eigentum nach David Hume

GRIN Verlag

**Bibliografische Information der Deutschen Nationalbibliothek:**

Die Deutsche Bibliothek verzeichnet diese Publikation in der Deutschen National-
bibliografie; detaillierte bibliografische Daten sind im Internet über http://dnb.d-
nb.de/ abrufbar.

**Impressum:**

Copyright © 2010 GRIN Verlag, Open Publishing GmbH
Druck und Bindung: Books on Demand GmbH, Norderstedt Germany
ISBN: 978-3-640-88954-9

**Dieses Buch bei GRIN:**

http://www.grin.com/de/e-book/170204/der-ursprung-von-rechtsordnung-und-
eigentum-nach-david-hume

**GRIN - Your knowledge has value**

Der GRIN Verlag publiziert seit 1998 wissenschaftliche Arbeiten von Studenten, Hochschullehrern und anderen Akademikern als eBook und gedrucktes Buch. Die Verlagswebsite www.grin.com ist die ideale Plattform zur Veröffentlichung von Hausarbeiten, Abschlussarbeiten, wissenschaftlichen Aufsätzen, Dissertationen und Fachbüchern.

**Besuchen Sie uns im Internet:**

http://www.grin.com/

http://www.facebook.com/grincom

http://www.twitter.com/grin_com

# David Hume
## -Der Ursprung von Rechtsordnung und Eigentum-

Sommersemester 2010

Mendina Morgenthal

# Inhalt

# 1 Einleitung

Die Frage, ob moralische Unterscheidungen, also Unterscheidungen zwischen gut und böse, Tugend und Laster, aus der Vernunft oder aus eine Art moralischem Gefühl entstehen, beantwortet Hume zu Beginn seiner Abhandlung „Über Moral":
Die Moral nimmt Einfluss auf unsere Affekte und Neigungen. Diese beeinflussen, wie wir handeln. Die Vernunft jedoch sei „vollkommen passiv"[1] und somit nicht handlungsleitend. Hume schreibt der Vernunft die Aufgabe zu, zwischen wahr und falsch zu differenzieren. Er definiert Wahrheit und Falschheit als das Vorhandensein bzw. Fehlen von Übereinstimmung bezogen auf die wirklichen Beziehungen der Vorstellungen oder das wirkliche Dasein und Tatsachen.[2]

Affekte, Willensentschlüsse und Handlungen können jedoch weder wahr, noch falsch sein, da sie „in sich selbst vollendet[e]"[3] Tatsachen sind. Aus diesem Grund können sie nicht Gegenstand der Vernunft sein. Das heißt, sie können der Vernunft weder entsprechen, noch wiedersprechen.

„Moral wird also viel mehr gefühlt als beurteilt"[4] schließt Hume. Wenn wir nun jemanden loben bzw. kritisieren, geschieht dies nicht aus einem Urteil der Vernunft, sondern aus einem Affekt. Bei der Beobachtung von Handlungen, welche wir kritisieren und als Laster bezeichnen, erhalten wir einen unangenehmen Eindruck; einen negativen Affekt und kritisieren diese Handlung gerade deshalb, weil wir bei dem Beobachten der Handlung Unlust empfinden. Aus einem Gefühl der Lust hingegen, loben wir die Handlung anderer. Die Beurteilung moralischer Aspekte folgt also ähnlichen Prinzipien, wie die Beurteilung ästhetischer Dinge.

Wichtig für die Beurteilung von Handlungen ist für Hume weiterhin der Begriff des Motivs. Eine Handlung ist immer der Ausdruck des Motivs, welches wir nicht wahrnehmen können. Beobachtbar ist allein die Handlung eines Menschen, auf deren Grundlage wir das Motiv beurteilen können. Wir loben eine Handlung, wenn sie moralisch richtig war, d.h. die handelnde Person hatte ein tugendhaftes Motiv. Andersherum tadeln wir die Handlung einer Person, wenn diese Handlung Ausdruck von einem nicht-tugendhaftem Motiv war.[5] Hume räumt ein, dass ein Motiv durchaus hätte tugendhaft sein

---

[1] David Hume. Über Moral. 1. Auflage. Suhrkamp: Frankfurt am Main. 2007. S. 16
[2] vgl. David Hume. Über Moral. a.a.O. S. 16
[3] Ebd.
[4] Ebd. S. 32
[5] Ebd. S. 40

können, die Person jedoch an der entsprechenden Handlung gehindert war. An dieser Stelle gestaltet sich Humes Überlegung als schwierig. Genauso gut kann es nämlich sein, dass eine Person tugendhaft handelt, das Motiv dieser Handlung jedoch vollkommen lasterhaft war. Betrachtet man beispielsweise eine Person, die etwas Gutes tut. Die Handlung wird von sämtlichen Menschen, welche von dieser Handlung gehört haben oder sie sogar beobachtet haben, gelobt. In Wahrheit aber handelte diese Person ausschließlich auf Grundlage von Eigennutz. Sie tat nur Gutes, um Anerkennung und Bewunderung zu erfahren, aber niemand kommt dahinter, denn solange diese Person uns nicht über seine Motive aufklärt, können wir dieses eben, wie Hume schon feststellt, nur an der Handlung erahnen. Da diese Handlung an sich jedoch tugendhaft war, ist es schwierig dahinter zu kommen, dass die Handlung von einem lasterhaften Motiv getrieben wurde.

Hume stellt nun aber fest, „daß keine Handlung tugendhaft oder moralisch gut sein kann, wenn sich nicht in der menschlichen Natur ein Motiv findet, das sie hervorruft und das von dem Sinn für Pflicht und Moral unterschieden ist"[6]. Nach Hume geht das tugendhafte Motiv also immer der tugendhaften Handlung voraus.

Wenn Hume von Tugenden spricht, unterscheidet er dabei zwischen *natürlichen* und *künstlichen* Tugenden. Während natürliche Tugenden einer natürlichen Neigung entsprechen, sind künstliche Tugenden normative Konstruktionen. Beide Arten von Tugenden billigen wir jedoch aufgrund ihres Beitrages zum Allgemeinwohl.

Dass wir Lust bzw. Unlust durch die Handlungen anderer empfinden, ist insoweit unmittelbar einleuchtend, solange es uns selber betrifft. Geschieht mir zum Beispiel Unrecht, löst dies einen unangenehmen Affekt bei mir aus-ich kritisiere die Person, welche mir geschadet hat. Dass dieses Prinzip auch bei einer Nicht-Betroffenheit meinerseits gilt (wie es ja auch bei den künstlichen Tugenden zutrifft), ist jedoch nicht unmittelbar einleuchtend. Hume argumentiert jedoch gerade dafür. Wie wir nachher sehen werden, ist die Übertragung dieses Prinzips, sprich die *Sympathie* für andere, genau dann entscheidend, wenn es um die Akzeptanz der Rechtsordnung und dem Tadel ihrer Missachtung geht. Denn die Rechtsordnung ist eine künstliche und keine natürliche Tugend.[7]

---

[6] Ebd. S. 41
[7] Ebd. S. 39

# 2 Der Ursprung von Rechtsordnung und Eigentum

Hume untersucht in diesem Abschnitt zwei Fragestellungen. Zum einen fragt er danach, wie die Normen der Rechtsordnung durch Menschenkunst festgestellt wurden. Zum anderen will er die Frage behandeln, warum wir das Befolgen der Rechtsnorm mit Tugend und das Missachten der Rechtsnorm mit Unrecht bzw. mit Laster assoziieren[8]. Zunächst widmet er sich der ersten Fragestellung, welche in der, von Hume gewählten Formulierung, bereits einen Hinweis auf die Antwort darbietet. Die Rechtsordnung ist ein, von Menschen erschaffenes Konstrukt und impliziert, dass diese Tugend eine künstliche ist und auch künstlich von den Menschen erschaffen wurde.

Um nun dem Ursprung von Rechtsordnung näher zu kommen, also das Motiv für die Entstehung der Rechtsordnung herauszufiltern, stellt Hume zunächst den Menschen als Mangelwesen dar.

Es gibt eine Diskrepanz zwischen den Bedürfnissen des Menschen und den nutzbaren und vorhandenen Ressourcen. Hinzukommt, dass es dem Menschen an natürlichen Waffen mangelt, wodurch das Erlangen der gewünschten Ressourcen erschwert wird. „Wie zahllos sind die Bedürfnisse und notwendigen Ansprüche, mit denen sie [die Natur] ihn belastet, und wie gering die Mittel, die sie ihm zur Befriedigung derselben gewährt hat."[9] Dies führt dazu, dass der Mensch in seinem natürlichen, vorgesellschaftlichen Zustand unbefriedigt bleibt. Die Natur bietet nur begrenzte Ressourcen und somit bleibt es unausweichlich, dass nicht die Bedürfnisse von allen Menschen befriedigt werden können. Nach Hume gibt es drei Arten von Gütern, die der Mensch besitzen will.[10]

- ❖ Innere Zufriedenheit (~Seelenfrieden)
- ❖ Genuss der Vorzüge des eigenen Körpers (~äußere Zufriedenheit)
- ❖ Genuss von Besitz, welches durch Fleiß und Glück erworben wurde.

Das dritte Gut unterscheidet sich in signifikanter Weise von den ersten beiden Gütern. Im Gegensatz zu der äußeren- und Seelenzufriedenheit kann Besitz von anderen Menschen geraubt werden. Der Genuss von Eigentum ist also ein unsicheres Gut aufgrund von knappen Ressourcen und keiner existierenden Rechtsordnung in einem prägesellschaftlichen Zustand, der das Eigentum schützen könnte. Abhilfe schafft dabei die

---

[8] vgl. David Hume. Über Moral. a.a.O. S. 48
[9] Ebd.
[10] Ebd. S. 52

*Kunst* und nicht die Natur; nämlich durch Vergesellschaftung und Rechtsordnung.[11] Diese wird mittels einer Übereinkunft geschaffen. Durch Vergesellschaftung kann der Mensch diese Benachteiligung also ausgleichen. Die Folgen der Vergesellschaftung sind zweierlei: zum einen steigt die Anzahl der Bedürfnisse des Menschen und zum anderen steigert er seine Fertigkeiten.[12] Sie bringt aber vor allem drei entscheidende Vorteile, welche dafür sorgen, dass Menschen die Gesellschaft als nützlich empfinden. Denn durch Vergesellschaftung vereinigen sich die einzelnen Kräfte der Mitglieder und führen somit zu einer Vermehrung von „Kraft, Geschicklichkeit und Sicherheit"[13].

Die Übereinkunft, sagt Hume, geschieht aus einem gemeinsamen Interesse, nämlich dem Schutz des Eigentums. Dadurch wird die Selbstsucht des Menschen eingeschränkt. Durch das wechselseitige Interesse den Besitz zu schützen, kommt es zu einer Art Kooperation zwischen den Menschen.

Es gibt keine natürliche Triebfeder, die zu der Gründung der Rechtsordnung geführt hat. Rechtsordnung wird von Hume nicht als etwas Natürliches, sondern als ein Kunstgriff verstanden. Die Selbstsucht hingegen ist eine natürliche Triebfeder des Menschen und ihre Einschränkung kann sogar als Voraussetzung zur Gründung einer Gesellschaft gesehen werden. „Nur die Begierde und Besitz für uns und unsere nächsten Freunde zu erlangen, ist unersättlich, andauernd, allgemein verbreitet und unmittelbar zerstörend für die Gesellschaft."[14] Wird sie nun nicht eingeschränkt, wirkt sie hinderlich auf die Gründung und Existenz einer Gesellschaft und kann sogar als eine Bedrohung derselben betrachtet werden.

Problematisch ist jedoch, dass es keine natürliche Neigung oder keinen natürlichen Affekt gibt, der die Selbstsucht des Menschen zurückhalten könnte. „Es steht nun fest, daß keine natürliche Neigung des menschlichen Geistes zugleich die genügende Kraft und die erforderliche Richtung hat, um der Gewinnsucht das Gleichgewicht zu halten [....] Wohlwollen gegen Fremde ist zu schwach für diesen Zweck."[15] Hume hat zwar kein negatives Menschenbild, jedoch traut er dem wohlwollenden Affekt des Menschen nicht zu, stark genug zu sein, um die Selbstsucht eingrenzen zu können. Das Wohlwollen sieht er lediglich auf Verwandte beschränkt. Hume behauptet, dass jeder Mensch sich selbst am meisten lieben würde und die größte Zuneigung, welche er dabei gegenüber anderen

---

[11] vgl. David Hume. Über Moral. a.a.O. S. 52
[12] Ebd. S. 49
[13] Ebd.
[14] Ebd. S. 57
[15] David Hume. Über Moral. a.a.O. S. 57

empfinden könne, sei die Zuneigung „gegenüber seinen Verwandten und Bekannten […]"[16]. Außerdem, so Hume, seien die Regeln der Rechtsordnung unnötig, wenn die Menschen ein dermaßen ausgebreitetes Wohlwollen ihren Mitmenschen gegenüber hätten. Denn bei einem, von Natur aus stark ausgeprägten Allgemeinwohl, bedürfte es keiner künstlichen Regelung und Schranken.[17]

Der Selbstsucht Einhalt gebieten kann ausschließlich die Selbstsucht selber- nämlich durch eine *Richtungsänderung*. Diese ist eine notwendige Bedingung, um den Besitz zu schützen. Denn erst durch die Einschränkung der Selbstsucht innerhalb einer Gesellschaft, kann der Besitz gesichert werden. Somit wäre es vernünftig von den Menschen, die Freiheit ihrer Selbstsucht aufzugeben, da die Begrenzung derselben in der Zusammenschau mehr Eigentum ergibt, welches stabiler und ungefährdet ist.[18]

Weiterhin bezweifelt Hume, dass die Menschen über einen längeren Zeitraum in einem wilden prägesellschaftlichen Zustand hätten leben können. Um nun beide o.g. Argumente zu beweisen, zieht er zwei kontrafaktische Zustände heran.

Zum einen wäre da der philosophische Naturzustand, wie ihn z.B. Thomas Hobbes beschreibt. Die dort geschilderte Selbstsucht sei übertrieben geschildert und „von der Wahrheit ebensoweit entfernt […] als die Berichte über Ungeheuer"[19]. Der vorgesellschaftliche Zustand muss bereits schon in Ansätzen gesellschaftlich oder besser: *gesellig* gewesen sein. Hume spricht von der gegenseitigen Anziehungskraft von Mann und Frau, welche er als grundlegendes Bedürfnis sieht. Durch die Entstehung von Familien also kann der prägesellschaftliche Zustand als gesellig charakterisiert werden.[20]

Der andere kontrafaktische Zustand, welchen Hume schildert, ist das Goldene Zeitalter, welches im Gegensatz zu dem philosophischen Naturzustand steht, aber ebenso bloße Erdichtung sei. Das Goldene Zeitalter kennzeichnet sich vor allem durch einen Überfluss an sämtlichen Gütern und einem zwischenmenschlichem Umgang, der sich in großem Wohlwollen und Zuneigung äußert. Begriffe wie „Mein" und „Dein" würden in einem solchen Zustand nichtig werden. Auch eine Rechtsordnung hätte so nie gedacht werden können, da, zum einen, die äußeren Umstände und zum anderen, die Beschaffenheit der menschlichen Affekte die Notwendigkeit einer Rechtsordnung nicht nach sich ziehen hätte können. Wenn sämtliche Ressourcen im Übermaß vorhanden sind, sodass sie niemals knapp würden, muss es keinen Besitz geben, der einem geraubt werden könnte. Auch die

---

[16] Ebd.
[17] vgl. David Hume. Über Moral. a.a.O. S. 61
[18] Ebd. S. 57
[19] Ebd. S. 51
[20] Ebd. S. 50

Selbstsucht kann in einem solchen Zustand niemals existieren, da das Wohlwollen ebenso grenzenlos ist.[21]

Zusammenfassend ist der Ursprung der Rechtsordnung also ein Zusammenspiel der menschlichen Selbstsucht, des begrenzten Wohlwollens und der Ressourcenknappheit bzw. deren Begrenzung.

Die zweite Frage Humes war die, warum wir das Befolgen der Rechtsnorm mit Tugend und das Missachten derselben mit Unrecht assoziieren. Diese Vorstellung vollzieht sich in mehreren Schritten.

Zunächst trafen die Menschen nach der Einsicht, dass ihre Selbstsucht und ihr begrenztes Wohlwollen sie untauglich für eine Gesellschaft machten, diese aber notwendig sei, um ihre Bedürfnisse zu befriedigen, eine Übereinkunft; eine Art Kooperation. Sie hatten also ein Interesse daran zu kooperieren. Das erste, zu Beginn stehende Motiv sei also das Eigeninteresse. Die Einschränkung durch Regeln und Gesetze war nützlich für die Sicherheit.[22] Dieses Eigeninteresse rückt jedoch nach dem Anwachsen der Gesellschaft mehr und mehr in den Hintergrund.

Jedoch können wir den Schaden beobachten, welcher durch ein wiederrechtliches Handeln anderer entsteht. Dies führt zu einem unangenehmen Eindruck des Beobachters. Dabei ist das unangenehme Gefühl unabhängig davon, ob wir nun selber von dem Schaden betroffen sind. Der Wirkmechanismus an dieser Stelle ist die Sympathie für das Allgemeinwohl. Sie ist der Grund dafür, warum wiederrechtliches Handeln als Unrecht und Laster empfunden wird. Sie ist somit die Quelle der moralischen Anerkennung der Rechtsordnung, denn sie beeinflusst unser Gefühl „der Zustimmung und der Ablehnung"[23]. Denn Moral, so Hume, ist eben nicht aus der Vernunft, sondern aus dem Gefühl abgeleitet.

---

[21] vgl. David Hume. Über Moral. a.a.O. S. 59
[22] Ebd. S. 65
[23] Ebd. S. 66

# 3 Zusammenfassung und Fazit

Humes' Überlegung zu der Entstehung von Rechtsordnung und Eigentum sind gut nachvollziehbar. Im Gegensatz zu anderen Philosophen, wie Hobbes, sieht Hume den Menschen nicht als ein von Selbstsucht getriebenes Wesen, sondern eines, mit Wohlwollen und Mitgefühl ausgestattetes Wesen. Nichts desto trotz traut Hume dem Wohlwollen nicht genug, um von alleine Regeln für das Zusammenleben festzusetzen.

Erst die bereist oben aufgeführten Umstände und die damit einhergehende Einsicht bilden das Motiv zu der Erstehung von Rechtsordnung mittels einer Übereinkunft. Diese Übereinkunft darf jedoch nicht als eine Art von Versprechen missverstanden werden. Denn Versprechen, so merkt Hume an, beruhen bereits auf gesellschaftlichen Konventionen. Ähnlich verhält es sich mit einem Vertrag. D.h. die Kooperationen darf keinesfalls als Versprechen oder Vertrag verstanden werden, da die Übereinkunft eben in einem vorgesellschaftlichen Zustand getroffen wurde, welcher noch keine gesellschaftlichen Konventionen kennt. Außerdem ist ein Vertrag auch immer ein Rechtsakt. Ein solcher Rechtsakt setzt jedoch eine bereits bestehende Rechtsordnung voraus. Somit kann diese getroffene Übereinkunft nicht aus einen Vertrag bestehen, da noch keine Rechtsordnung existierte.[24]

Hume beschreibt nun aber, nach dem der ursprüngliche Grund für den Zusammenschluss zu einer Gesellschaft und der damit einhergehenden Pflichten und Rechte, in den Hintergrund gerückt sind, die Sympathie, also das menschliche Mitgefühl, als ein Wirkmechanismus, der uns dazu bringt, gesellschaftliche Konventionen, wie die Rechtsordnung in Verbindung mit Laster und Tugend zu bringen. Mitgefühl kann man als die Fähigkeit beschreiben, Gefühle von anderen Menschen, auch wenn man diese selber in dem Moment nicht empfindet, nachzuempfinden. Beobachten wir wie jemand von einem anderen bedroht wird, wir selber aber nicht, können wir trotzdem nachempfinden, dass die bedrohte Person Angst empfinden muss. Die Sympathie für das Allgemeinwohl veranlasst den Menschen dazu, die Regeln der Rechtsordnung anzuerkennen und ihre Missachtung zu tadeln.

Hume vertritt die Position, dass Moral nicht aus der Vernunft abgeleitet wird, sondern postuliert, dass es einen moralischen Sinn gibt. Dieser Sinn richtet sich nach dem

---

[24] vgl. Kulenkampff, Jens. David Hume. 1. Auflage. C.H. Beck: München. 1989. S. 133

Wohlergehen, d.h. Handlungen, welche förderlich für das Wohlergehen sind, werden gelobt und Handlungen, welche dem Wohlergehen hinderlich sind, werden getadelt. Der moralische Sinn impliziert auch, dass dem Menschen eine natürliche Moral innewohnt, welche frei von einem egoistischen Charakter ist. Wie bereits erwähnt wurde, versteht Hume Handlungen als Ausdruck von Motiven, welche tugend- oder lasterhaft sein können. Die beobachtbare Handlung hilft dabei, den Charakter des Motives zu erkennen.

Die Existenz eines moralischen Sinnes kann die Frage beantworten, woher wir wissen, was richtig und was falsch ist. Hume ist ein Befürworter der Theorie des moralischen Sinnes und folgt somit u.a. Shaftesbury und Hutcheson. Damit steht er in der Kontroverse seiner Zeit den Rationalisten gegenüber, welche postulieren, dass moralische Unterscheidungen mithilfe der Vernunft getroffen werden können.[25] „Der moralische Sinn als eigenständiges Vermögen ist es, der uns die Ideen des Guten und des Schlechten liefert."[26] Er hilft uns Handlungen zu erkennen, welche gut bzw. schlecht sind. Nun dient aber ein „Gefühl" nur schlecht, um einen Standpunkt *begründen* zu können. Die Notwendigkeit eines allgemeinen und unparteiischen moralischen Standpunktes zeigt sich deutlich, denn anders wären moralische Urteile dem Vorwurf der Willkür und Eigennützigkeit ausgesetzt. Hier zeigt sich noch einmal die Funktion der Sympathie nach Hume. Sie ermöglicht es dem Individuum aus seinem egoistischen Standpunkt herauszutreten und einen allgemeinen Standpunkt einzunehmen und Handlungen, welche das *allgemeine* Wohlergehen fördern, nicht nur zu billigen, sondern auch zu loben. Und erst dann können wir überhaupt von einem moralischen Urteil sprechen, denn andernfalls begeben wir uns wieder zum Egoismus.[27]

Betrachtet man nun noch einmal die Theorie über die Entstehung der Rechtsordnung und den Zusammenschluss der Menschen zu einem Staat, so kann Humes These einfach nachvollzogen werden.

Es ist gut vorstellbar, dass die Menschen in einem prägesellschaftlichen Zustand bereits gesellig gelebt haben; mit der Familie als Ursprungsform, die sich letztlich wiederrum mit anderen Familien zusammengeschlossen haben und mithilfe von Regeln das Zusammenleben ermöglichten. Rohls (1999)[28] sieht weiterhin die Möglichkeit, dass sich die militärische Autorität, welche durch kriegerische Auseinandersetzungen entstanden war, zu einer politischen Autorität gewandelt hat.

---

[25] vgl. Kulenkampff, Jens. David Hume. a.a.O. S. 105f.
[26] Jan Rohls. Geschichte der Ethik. 2. Auflage. Mohr Siebeck: Tübingen. 1999. S. 363

[27] Ebd. S. 365f.
[28] Ebd. S. 367

Den Naturzustand, wie z.B. bei Hobbes, welcher von Hume deutlich als Fiktion abgewiesen wird, zumal er historisch nicht zu belegen ist, und die kontraktualistisch festgelegte Unterordnung der Menschen bzw. Bürger an einen Souverän, ist dagegen weniger realistisch. Zum einen ist die Autorität eines solchen Gesellschaftsvertrages doch recht zweifelhaft und zum anderen wäre allein schon die Frage an *wen* nun die Herrschaftsautorität geht, in einem Machtkampf ausgefochten.

Abschließend kann also gesagt werden, dass die Theorie eines eingeborenen oder erworbenen moralischen Sinnes zwar erklären kann, warum wir moralisch richtige Handlungen billigen und moralisch falsche Handlungen missbilligen, jedoch nicht ausreichend ist, um ethische bzw. moralische Urteile zu *begründen*.

Der moralische Sinn reicht jedoch aus, um im Alltag das Richtige zu tun und auch richtige von falschen Handlungen zu unterscheiden.

Wenn auch die Sympathie, wenn sie unparteiisch ist, einen allgemeinen Standpunkt sichert und Egoismus und Willkür ausschließen soll, können zwar moralische Urteile gefällt, jedoch nicht theoretisch *begründet* werden. Der moralische Sinn mag also viel mehr eine Intuition sein und unserem moralischem Alltagsgefühl entsprechen. Er ist aber keine Moraltheorie an sich, welche das Ziel hat, allgemein gültige *Gesetze* festzulegen, welche regeln sollen, wie ein gutes Leben zu führen ist und welche Handlungen aufgrund von bestimmten Kategorien/Konsequenzen/Motiven u.ä. moralisch richtig und gut sind.

Außerdem besitzen moralische Urteile im Alltag die Eigenschaft, schnell gefällt zu werden. Teilweise lassen sich sogar widersprüchliche Beurteilungen finden. Ein Beispiel wären Lügen, welche generell als schlecht gesehen werden, in bestimmten Fällen jedoch wieder als moralisch richtig beurteilt werden würden.

Eine theoretisch fundierte Moraltheorie müsste dem Anspruch genügen, eben solche „kommt-drauf-an-Szenarien" des Alltags auszuschließen.

# 4 Literatur

- **Hume, David**. *Über Moral*. 1. Auflage. Suhrkamp: Frankfurt am Main. 2007. (S. 13-68).

- **Kulenkampff, Jens.** *David Hume.* 1. Auflage. C.H. Beck: München. 1989. (S. 105-133).

- **Rohls, Jan**. *Geschichte der Ethik.* 2. Auflage. Mohr Siebeck: Tübingen. 1999. (S. 363-367).